CERCLE RÉPUBLICAIN

DE BONE

STATUTS

BONE

IMPRIMERIE CENTRALE, Cours National.

1891

CERCLE RÉPUBLICAIN

DE BONE

STATUTS

BONE

IMPRIMERIE CENTRALE, Cours National.

1891

Cercle Républicain

De Bône

STATUTS

Révisés en Assemblée Générale le 26 octobre 1890

CONSTITUTION ET COMPOSITION

ARTICLE PREMIER

Un cercle a été créé à Bône sous le nom de CERCLE RÉPUBLICAIN, le 1er Mai 1888, pour une durée illimitée.

Les Statuts primitifs ont été révisés ainsi qu'il suit en Assemblée Générale du 26 octobre 1890.

Art. 2.

COTISATION

Le nombre des Membres du Cercle est indéterminé.

Les Membres entrant après le 26 Octobre 1890, verseront une somme de *cinq francs* à titre de première mise.

Les Membres du Cercle sont tenus de verser une cotisation de vingt-quatre francs par année, payable mensuellement et d'avance.

Les Membres Fondateurs participent seuls à l'actif du Cercle. Les entrants auront les mêmes droits après trois années consécutives de fréquentation et de payement de cotisation mensuelle.

Tout Membre qui quittera Bône sans esprit de retour, cessera d'être astreint au payement de la cotisation ; mais il ne pourra réclamer le remboursement de sa première mise, ni aspirer à aucun droit sur la liquidation du Cercle.

Le Membre habitant Bône pourra quitter le Cercle en payant la cotisation du mois courant et des deux mois suivants.

Tout Membre sortant pour quelque cause que ce soit renonce à sa part de l'actif de la Société.

Les Membres entrant dans le courant d'un mois payent la cotisation du mois commencé.

ADMISSIONS

Art. 3

A partir de ce jour, quiconque voudra faire partie du Cercle adressera sa demande au Président du Conseil d'Administration.

Chaque demande devra être signée par le candidat et par deux Membres du Cercle, qui seront considérés comme ses présentateurs.

Le candidat devra être agé de vingt-et-un ans.

Son nom demeurera affiché pendant huit jours dans la grande salle du Cercle, à l'effet de permettre à toutes les observations de se produire.

Le vote aura lieu au scrutin secret par bulletin portant la mention *oui* ou *non*.

Le scrutin sera clos le huitième jour.

Afin que l'on puisse contrôler le nombre des votes exprimés, chaque votant devra, au moment même du vote, apposer sa signature sur une feuille *ad-hoc*.

Le délai de huit jours passé, le dépouillement du scrutin sera fait par le Conseil d'Administration, dont trois Membres au moins devront être présents.

Le candidat ne sera admis qu'autant qu'il aura réuni les deux tiers au moins des suffrages exprimés.

Procès-verbal du dépouillement du scrutin sera dressé et consigné sur le registre des délibérations du Conseil d'Administration ; ce procès-verbal indiquera si le candidat a obtenu ou non la majorité voulue, sans mentionner le nombre des voix qu'il aura obtenues.

Les intéressés seront informés du résultat du Scrutin par lettre du Président.

ART. 4.

EXCLUSIONS

Tout Membre du Cercle qui enfreindra les Règlements et ne déférera pas aux observations qui pourront lui être faites par le Conseil, pourra être exclu du Cercle.

Le cas échéant, le Président convoquera une Assemblée qui se constituera en un Jury d'honneur et prononcera souverainement, sans que le Membre exclu puisse appeler de ce jugement ; l'intéressé devra toujours être appelé à se justifier.

Pour la validité de la décision, trente des Sociétaires au moins devront être présents, et là décision sera prise à la majorité d'au moins les deux tiers des Membres présents.

Dans le cas où les Sociétaires ci - dessus prescrits ne se trouveraient pas à la réunion, une deuxième convocation sera faite et au jour fixé, la majorité relative des Membres présents prononcera sur l'exclusion.

Art. 5.

PAYEMENT DES COTISATIONS

Tout Membre qui aura négligé de payer sa cotisation pendant trois mois consécutifs sera, par lettre signée du Trésorier et chargée, invité à acquitter sa dette, si dans la huitaine, il n'a pas payé, sa radiation sera faite alors d'office par le Conseil d'Administration et l'intéressé en sera avisé par lettre signée du Président.

ADMINISTRATION

Art. 6.

Le Cercle est administré par un Conseil composé de neuf Membres, nommés au scrutin secret dans l'Assemblée générale annuelle et

à la majorité relative des suffrages exprimés ;
savoir :

> Un Président ;
> Un 1ᵉʳ Vice-Président ;
> Un 2ᵉ Vice-Président ;
> Un Trésorier ;
> Un Secrétaire ;
> Quatre Membres du Conseil.

Intéressés tous à l'Administration Générale du Cercle, les Membres du Conseil sont collectivement chargés de veiller à l'exécution des Statuts, de donner suite aux réclamations, de faire observer les convenances, d'assurer l'exécution du budjet, de présenter les comptes annuels, de tenir les procès-verbaux des séances, de convoquer les Assemblées, de conserver les archives, sauf à se répartir entre eux les fonctions et le travail, selon les besoins du service, ainsi qu'il sera spécifié sous l'article 7.

En cas d'absence, ils suppléeront dans l'ordre hiérarchique ci-dessus.

Tous les Membres du Conseil seront solidaires et également responsables de tous les frais et de tous les actes de la gestion, solidarité et responsabilité qui s'étendront à tous les Membres du Cercle.

Le bail du local sera passé au nom du Cercle.

Art. 7

PRÉSIDENT

Le Président a la direction générale et la haute surveillance du Cercle ; il est investi de la police et de l'Administration intérieure et journalière du Cercle, du droit d'admettre les visiteurs, de la surveillance des jeux et de la buvette, etc.

Il fait exécuter les décisions de l'Assemblée générale et du Conseil et signe tous traités conformément à ces décisions ; il convoque les Assemblées générales ordinaires et extraordinaires ; il préside ces Assemblées, ainsi que les Séances de la Commission Administrative.

En cas de partage des opinions, sa voix est prépondérante.

Il représente l'Administration du Cercle dans les actions judiciaires, tant en demandant qu'en défendant ; tous pouvoirs lui sont donnés à cet égard, néanmoins il ne pourra agir qu'après avoir pris l'avis du Conseil.

VICE-PRÉSIDENTS

Les vice-présidents remplacent dans l'ordre de leur nomination le Président absent ou empêché dans toutes ses attributions ; ils ont conjointement avec lui la haute surveillance du Cercle.

TRÉSORIER

Le Trésorier est dépositaire de tous les fonds du Cercle ; il encaisse les versements provenant des cotisations et autres sources, et fait les paiements des dépenses ordinaires et extraordinaires, après visa du Président : il doit veiller à ce que les dépenses soient autant que possible payées le plus promptement possible.

Il tient un registre des recettes et dépenses ; ce registre devra, avec les pièces comptables, être toujours à la disposition des Membres du Cercle.

Il est chargé de toutes les écritures concernant la comptabilité et inscrit toutes les admissions et mutations des Membres du Cercle.

Enfin, il prend note de tous les documents pouvant faciliter la vérification des comptes du Cercle.

Le Trésorier est responsable de sa gestion et de la caisse du Cercle ; il pourra faire dans toute caisse publique, au mieux des intérêts de la Société, tous dépôts en compte courant des fonds disponibles.

SECRÉTAIRE

Le Secrétaire est chargé de la rédaction des procès-verbaux des Assemblées générales et des séances du Conseil d'Administration, ainsi que de la correspondance générale et des diverses convocations.

Il tient un registre de correspondance.

JOURNAUX

Le Conseil d'Administration seul est chargé de l'abonnement aux journaux et du choix des dits.

ÉLECTION DU CONSEIL D'ADMINISTRATION

ART. 8

Les Membres du Conseil d'Administration sont nommés pour un an ; ils peuvent être réélus. Les élections du Conseil d'Administration auront lieu chaque année dans la deuxième quinzaine du mois d'avril.

En cas de vacance parmi eux dans le courant de l'année, les Membres du Cercle sont appelés à nommer, en Assemblée générale, ceux qui devront les remplacer.

Toute décision du Conseil doit être inscrite sur un registre à ce destiné.

Le procès-verbal sera signé par le bureau et par les Membres présents qui le désireront ; le registre des délibérations du Conseil reste toujours à la disposition des Membres du Cercle,

Le Conseil peut se réunir toutes les fois qu'il le juge convenable ; les délibérations ne sont valables qu'autant que cinq Membres au moins y ont pris part.

ASSEMBLÉE GÉNÉRALE ANNUELLE

Art. 9

Le compte financier de l'exercice expiré le 31 décembre de chaque année est soumis par les soins du Conseil, à l'Assemblée générale, qui doit avoir lieu du 15 au 30 janvier suivant.

L'Assemblée générale sera convoquée par lettre individuelle adressée aux Membres du Cercle.

Art. 10

Sauf le cas prévu sous l'article 23, les décisions sont prises par l'Assemblée générale à la majorité de Membres présents et doivent être inscrites sur un registre spécial qui, déposé aux archives, est toujours à la disposition des membres du Cercle ; les procès-verbaux seront signés par tous les Membres du bureau composé des Membres présents du Conseil d'Administration.

L'Assemblée générale peut voter par assis et levé ; mais il suffit que cinq Membres le demandent pour que le vote ait lieu au scrutin.

Un registre est placé dans l'un des salons du Cercle pour recevoir les réclamations et observations des Membres.

Chaque Membre du Cercle doit se soumettre aux décisions prises et est tenu d'en accepter les conséquences, sans toutefois qu'il soit possible de l'astreindre à des cotisations ou mises de fonds autres que celles prévues par les présents Statuts.

En dehors de l'Assemblée générale annuelle le Conseil d'Administration a le droit de convoquer l'Assemblée générale extraordinaire toutes les fois qu'il le jugera convenable.

Il devra d'urgence faire cette convocation :

1° Chaque fois que la situation du Cercle lui semblera en péril, et notamment si le Cercle se trouvait endetté d'une somme dépassant le montant d'un semestre de cotisations en dehors des sommes pouvant être reconnues et votées par l'Assemblée générale ;

2° Si la demande lui en est faite par lettre signée par quinze Membres au moins et indiquant l'objet mis en question.

Cette convocation a lieu dans la forme ordinaire.

POLICE INTÉRIEURE

ART. 11

Le Cercle sera ouvert tous les jours sans exception. Il sera fermé à une heure du matin.

ART. 12

La liste des Membres du Cercle est affichée dans une des Salles avec les Statuts et Réglements.

ART. 13

Les jeux prohibés par l'autorité sont interdits.

Dans la salle du café, le prix des consommations est seul admis comme enjeu.

La salle des jeux est spécialement réservée pour les jeux de cartes, à l'exclusion de tous autres.

Il est absolument interdit de jouer sur parole.

Un réglement élaboré par le Conseil d'Administration devra être affiché dans la salle des jeux et tous les Membres du Cercle seront tenus de s'y conformer.

ART. 14

Les journaux pourront être lus dans tous les

salons du Cercle et doivent toujours être déposés dans le salon de lecture aussitôt l'arrivée.

Tout Membre du Cercle, après avoir lu les journaux dans les salles, doit les faire remettre tout de suite dans le salon de lecture par un des garçons de service.

Le gérant du Cercle, et à son défaut, le garçon de service, devra veiller à ce que, aussitôt lus, les journaux se trouvant sur une table de l'une des salles du Cercle soient immédiatement reportés dans le salon de lecture.

Les revues et les volumes ne doivent jamais, dans aucun cas, sortir du salon de lecture.

Le Conseil d'administration disposera, dans l'intérêt du Cercle, comme bon lui semblera des vieux journaux.

Les Membres du Cercle doivent garder le si= lence dans le salon de lecture.

Il est interdit d'y fumer et d'y prendre aucun objet de consommation.

INTRODUCTION D'ÉTRANGERS

ART. 15

Il est formellement interdit aux habitants de la ville qui ne font pas partie du Cercle de le fréquenter assidument. Ils ne peuvent y pénétrer qu'accompagné d'un Membre du Cercle, ou pour venir lui parler.

Les personnes étrangères à la localité sont admises temporairement au Cercle, sur la présentation faite par un des Membres.

Le nom du visiteur est inscrit, en regard de celui du Membre qui l'a présenté, sur un registre à ce destiné.

Il est délivré à chaque visiteur une carte d'entrée pour la durée d'un mois ; cette carte est signée par le Président ; elle pourra être renouvelée pour un mois au plus ou retirée sur avis du Conseil.

Art. 16

Toute discussion politique ou religieuse est interdite dans les salons du Cercle.

Il ne sera admis dans le Cercle ni femmes ni étrangers.

Art. 17

Aucune annonce, aucun avis ne peuvent être affichés dans les salons, sans l'autorisation du Président.

Aucune quête, aucune souscription ou loterie n'ont lieu dans l'intérieur du Cercle, sans avoir été autorisées par le Conseil, qui dresse procès-verbal de sa décision.

ART. 18

Toute réclamation au sujet du service et des consommations doit être adressée au Président.

ART. 19

Tout Membre qui a détérioré les meubles ou causé quelque dégât. est tenu de faire réparer le tout à ses frais et sur l'ordre du Conseil.

CONSOMMATIONS

ART. 20

Le tarif des consommations est arrêté par le Conseil et affiché dans la salle de consommations.

ART. 21

Les Statuts et Règlements sanctionnés en Assemblée générale sont obligatoires par tous les Membres du Cercle.

DISPOSITIONS GÉNÉRALES

ART. 22

Aucune solidarité financière n'existe entre les Membres du Cercle, hormis les solidarité et responsabilité prévues à l'article 6. Chacun, Administrateur ou non, n'est tenu que de ses obligations quant à la première m'se et à la cotisation.

DISSOLUTION

ART. 23

Les présents Statuts ne peuvent être modifiés qu'en Assemblée générale, et sur la demande de vingt Membres au moins.

La dissolution du Cercle, et par suite sa liquidation, ne peuvent être prononcées qu'en Assemblée générale et à la majorité des trois quarts au moins des Membres composant le Cercle.

Dans le cas où, lors d'une première convocation, les trois quarts des Membres du Cercle ne seraient pas présents à l'Assemblée, une deuxième convocation aura lieu dans la huitaine, et dans cette seconde réunion la dissolution pourra être prononcée à la majorité des trois quarts des Membres présents.

Approuvé en Assemblée générale à Bône, le 26 octobre 1890.

Pour copie conforme :

Le Président,

Signé : Louis VERNIN.

VU ET APPROUVÉ :

Le Préfet,

Signé :

CONSEIL D'ADMINISTRATION

Année 1890-91.

MM. Louis VERNIN, *Président ;*

BRUNET père, *1ᵉʳ vice-Président ;*

Louis BLANC, *2ᵐ vice-Président;*

SCOTTO, *Trésorier ;*

GRENIER, *Secrétaire ;*

JEAN FLAMM, *Membres ;*

C. HIIGEL, *id.*

GENOVA, *id.*

N. MAGGIORE, *id.*

PIERRONNET, *id.*